Tweede druk, 2001
Vertaling: L.M. Niskos
Nederlandse rechten Lemniscaat b.v. Rotterdam 2000
ISBN 90 5637 305 6

Gebaseerd op de boeken over *Kleine Beer*
geschreven door Martin Waddell
Oorspronkelijke titel: *Little Bear's Baby Book*
Oorspronkelijke uitgever: Walker Books Ltd., Londen
Gedrukt in Hongkong

Babyboek

Van ______________________________

Plak hier de foto

Dit is mijn allereerste foto.

Gebaseerd op de boeken van *Kleine Beer*
Geschreven door *Martin Waddell,* geïllustreerd door *Barbara Firth*

Dit zijn de mensen die van mij houden

Mamma heet ______________________________.

Pappa heet ______________________________.

Andere familieleden ______________________________

______________________________.

Plak hier de foto

Dit is een foto van mijn familie

Laten we beginnen bij het begin

Ze dachten dat
ik zou komen
op ________.
Sommige dingen
mocht mamma
niet meer eten.
Wat ze het ergst miste?
Dat was ____

____

Mamma dacht: dit wordt een

☐ meisje ☐ jongen

Pappa dacht: dit wordt een

☐ meisje ☐ jongen

Pappa en mamma hadden allerlei namen bedacht:

____

____.

Mijn hartslag hoorden ze voor het eerst op ____________________.

Ze voelden me voor het eerst schoppen op ____________________.

Dit is een foto

van mijn echo met

____ weken.

Geboren

Ik werd geboren op ______________________________.

De plaats waar ik geboren ben heet ____________________

en de tijd was ______________________________.

De kleur van mijn ogen was ______________________________.

De kleur van mijn haren was ______________________________.

Ik woog ____________ en was ____________ lang.

Dit is mijn geboortekaartje.

Toen ik nog heel klein was

Mijn eerste huisadres was ______________________________.

Deze mensen kwamen als eersten op bezoek: ______________

____.

De eerste cadeautjes die ik kreeg, waren ________________

____

____

____

____

____

____

____

________________________.

*Dit is een lok
van mijn haar*

Plak hier de foto

*Op deze
foto ben
ik een
week oud.*

Gefeliciteerd!

Mamma en pappa kregen een heleboel kaarten.
Deze vonden ze het mooist.

Zo was de wereld in die tijd

Naar deze tv-series keek iedereen ______________________________

____.

Een bekend liedje was ____.

Beroemde filmsterren waren ____________________________________.

Bekende sporters waren ____.

Deze woorden waren in de mode _________________________________.

Een brood kostte _______, en een pak melk _______.

Een postzegel

zag er zo uit:

Voor het eerst

Ik sliep voor het eerst
een hele nacht door toen
ik __________ was.

Ik tilde mijn hoofd op
toen ik __________ was.

Ik rolde me op mijn buik toen ik __________ was.

Ik kon rechtop zitten toen ik __________ was.

Ik schoof rond op mijn billen toen ik __________ was.

Ik begon te kruipen toen ik __________ was.

Handen

Ik ontdekte mijn handen

toen ik __________ was.

Ik greep naar een speeltje

toen ik __________ was.

Ik klapte in mijn handen

toen ik __________ was.

Toen ik voor het eerst 'dag' zwaaide, was ik __________.

Een afdruk van

mijn hand toen ik

________ was.

Voeten

Ik kon los staan toen ik __________ was.

Ik deed mijn eerste stap toen ik __________ was.

Toen ik __________ was, maakte ik mijn eerste wandeling buiten.

Een afdruk van mijn voet toen ik ________ was.

Eten

Ik at voor het eerst vast voedsel toen ik __________ was.

Dat was ____

____.

Ik zat voor het eerst in de kinderstoel toen ik __________ was.

Ik dronk voor het eerst uit een beker toen ik __________ was.

Ik gebruikte voor het eerst een lepel toen ik __________ was.

Wat ik erg lekker vond was: ____________________________

____

____.

En wat ik helemaal niet lekker vond was:

____

____

_________________________.

Tanden krijgen

Mijn eerste tand kreeg ik

toen ik ____________ was.

Het eerste ding waarop ik beet

was __________________________.

Mijn tweede tand kreeg ik

toen ik ____________ was.

Mijn derde tand kreeg ik

toen ik ____________ was.

Mijn vierde tand kreeg ik

toen ik ____________ was.

Bedtijd

Ik sliep voor het eerst

in een echt bed toen

ik __________ was.

Dit deed ik altijd voor het slapengaan: ________________

____.

Het speeltje dat ik mee naar bed nam was: ____________

____.

Dit was mijn lievelingsliedje voor het

slapengaan: __________________.

Dit verhaaltje hoorde ik het

liefst: _______________

___________________.

Praten

Ik glimlachte voor het eerst toen ik __________ was.

Ik lachte hardop toen ik __________ was.

Toen ik __________ was, deed ik geluiden na.

Mijn allereerste woordje was ____________________.

Andere woordjes die ik al vroeg kon zeggen: __________

____.

Mamma noemde ik ______________________________

en tegen pappa zei ik ____________________________.

Mijn favoriete kinderversjes waren __________________

____

____.

Spelen

Spelletjes die ik graag deed

waren ______________________________

____.

Mijn eerste vriendjes waren ________________

____

____.

Mijn lievelingsspeeltje was ____.

Mijn lievelingsboek was ____.

Ik moest erg lachen om ____

____.

Plak hier de foto

Dit is een foto van mij en mijn vriendjes

Ziek zijn

Mijn eerst kinderziekte was ______________________________

____.

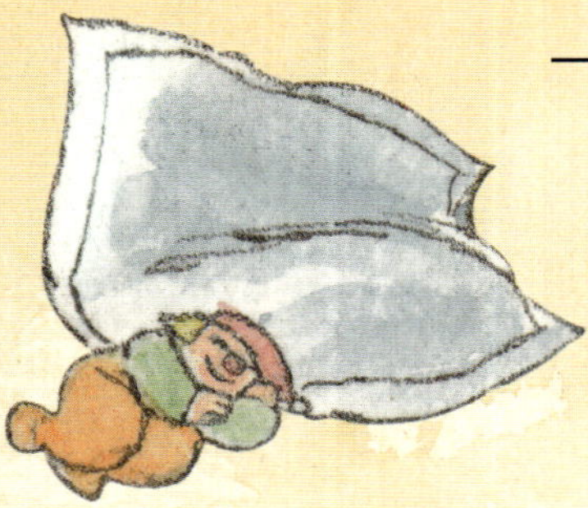

Dit deden mamma en pappa zodat ik me gauw

weer beter zou voelen: ________________

____

____

____

____.

Mijn dokter heette ________________.

Ik kreeg prikken tegen

____

____

_________________________.

Vakantie

Ik ging voor het eerst met vakantie toen ik ______________ was.

We gingen naar ____

____

______________.

Dit beleefden we allemaal: ________________________________

____

____

____.

En dit vond ik het leukste van mijn vakantie: ____________________

____

____

____

____

____

_________________________.

Mijn eerste verjaardag

Zo werd mijn eerste verjaardag gevierd: ______________________

____

____

____

______________________.

Deze cadeautjes kreeg ik: ______________________________

____

____.

Dit ben ik op mijn eerste verjaardag.

Plak hier de foto

Mijn tweede verjaardag

Zo hebben we mijn tweede verjaardag gevierd: ________________

____

____.

Deze mensen waren er allemaal: ______________________________

____

____.

Deze spelletjes deden we: ___________________________________

____

____.

En deze cadeautjes kreeg ik: _________________________________

____

____.

Plak hier de foto

Dit ben ik op mijn tweede verjaardag.

Groeien

Datum	Leeftijd	Lengte	Gewicht

Mooie momenten

Mooie momenten